Pregunta al Dr. Edi Lupa

sobre Minibestias

Escrito por
Claire Llewellyn

Ilustrado por
Kate Sheppard

EDILUPA

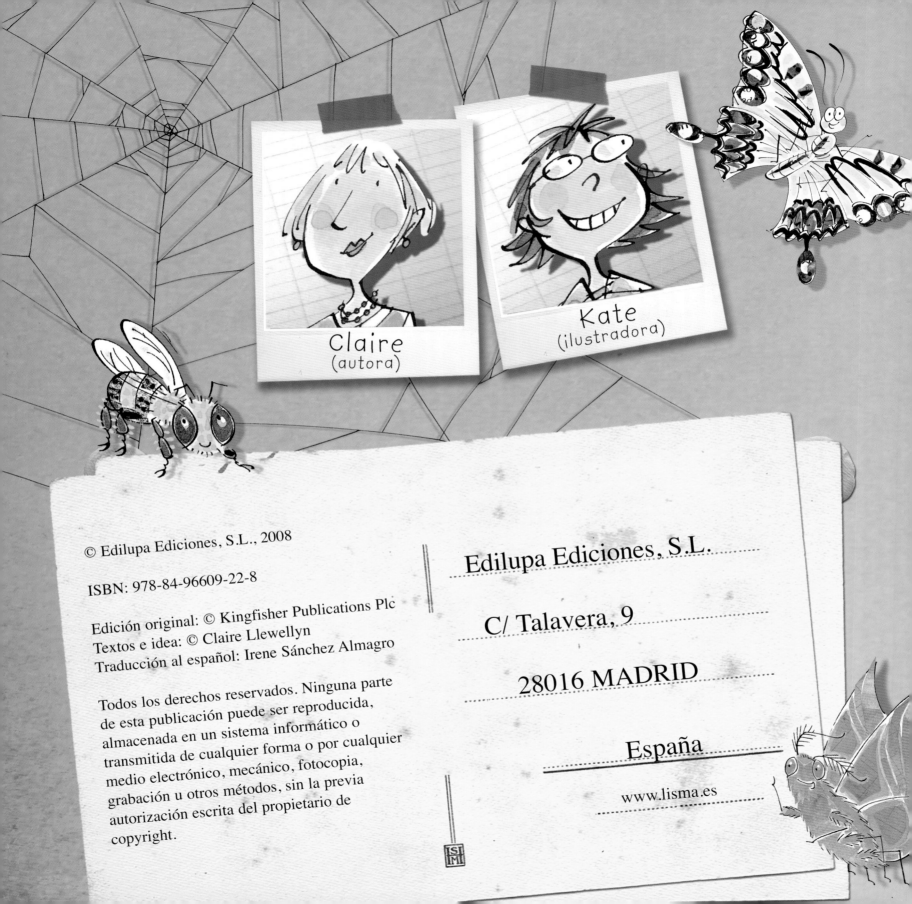

Claire
(autora)

Kate
(ilustradora)

© Edilupa Ediciones, S.L., 2008

ISBN: 978-84-96609-22-8

Edición original: © Kingfisher Publications Plc
Textos e idea: © Claire Llewellyn
Traducción al español: Irene Sánchez Almagro

Edilupa Ediciones, S.L.

C/ Talavera, 9

28016 MADRID

España

www.lisma.es

Pregunta al Dr. Edi Lupa sobre...

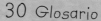

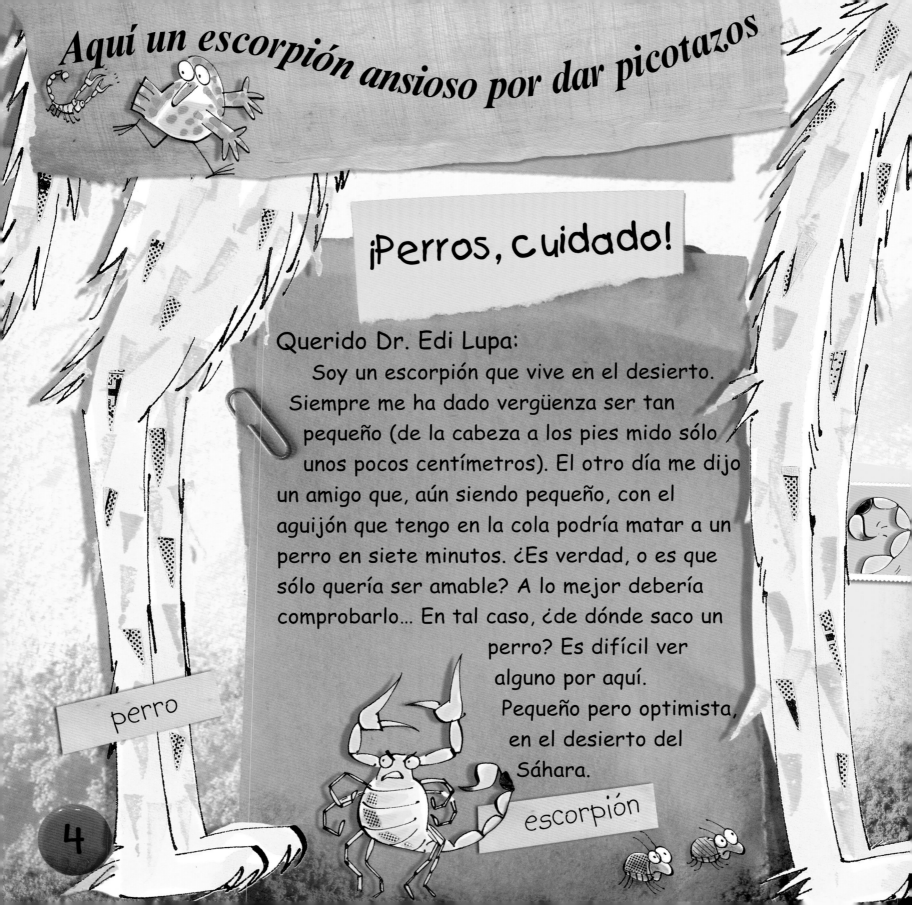

¡Perros, cuidado!

Querido Dr. Edi Lupa:

Soy un escorpión que vive en el desierto. Siempre me ha dado vergüenza ser tan pequeño (de la cabeza a los pies mido sólo unos pocos centímetros). El otro día me dijo un amigo que, aún siendo pequeño, con el aguijón que tengo en la cola podría matar a un perro en siete minutos. ¿Es verdad, o es que sólo quería ser amable? A lo mejor debería comprobarlo... En tal caso, ¿de dónde saco un perro? Es difícil ver alguno por aquí.

Pequeño pero optimista, en el desierto del Sáhara.

perro

escorpión

4

escarabajos

Dr. Edi Lupa
¡Solución a tus problemas!
C/ Volando sobre el agua, 1
Arroyo fresco 321. El Soto

Querido **Pequeño pero optimista**:

Es cierto, en el aguijón que tienes al final de la cola llevas un veneno mortal. Sin embargo, si comienzas a usarlo para comprobar tu fuerza, te cansarás muy pronto, y te atrapará un lagarto o una serpiente. Para coger escarabajos no hace falta que uses el aguijón. Tus largas pinzas y boca afilada te sobran para cazarlos sin problemas. El aguijón lo tienes para salvarte la vida en caso de ataques. Para fabricar el veneno, tu cuerpo necesita mucha energía, así que intenta no desperdiciar ni una gota. Los perros no son tus enemigos, así que si ves uno, déjalo en paz, anda.

Saludos cordiales,

Dr. Edi Lupa

5

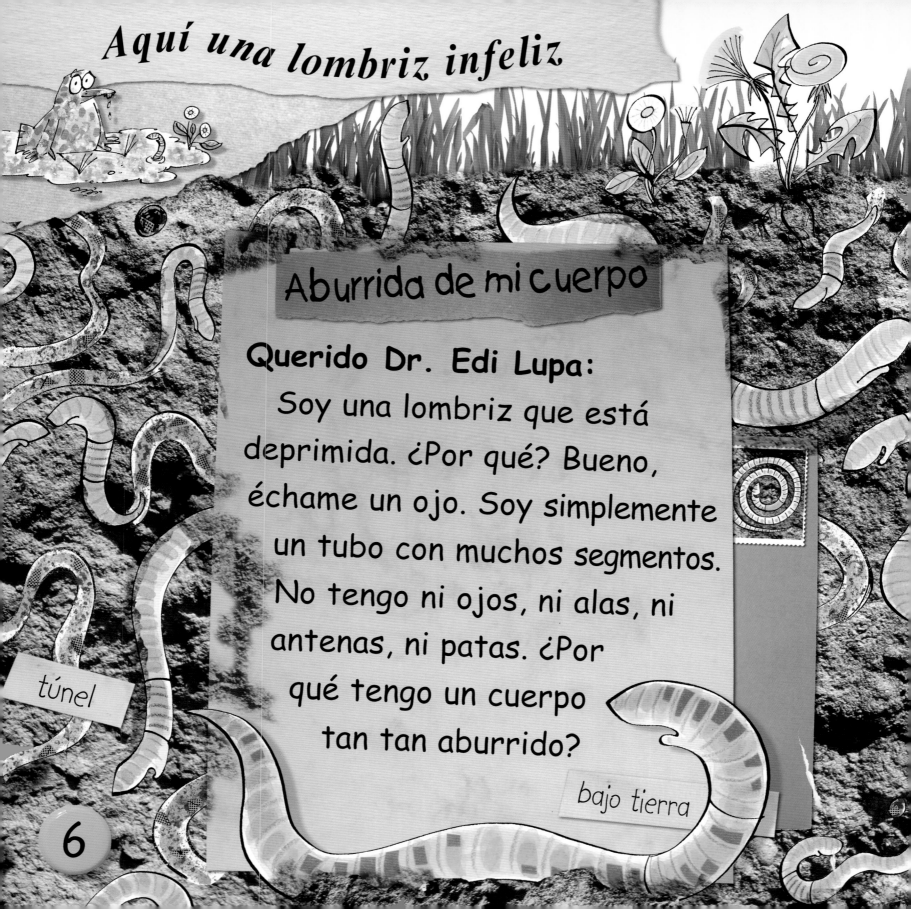

Aburrida de mi cuerpo

Querido Dr. Edi Lupa:
Soy una lombriz que está deprimida. ¿Por qué? Bueno, échame un ojo. Soy simplemente un tubo con muchos segmentos. No tengo ni ojos, ni alas, ni antenas, ni patas. ¿Por qué tengo un cuerpo tan tan aburrido?

túnel

bajo tierra

6

pájaro

Dr. Edi Lupa
**¡Solución a
tus problemas!**
C/ Volando sobre el agua, 1
Arroyo fresco 321. El Soto

Querida **Por los suelos**:

Tienes el cuerpo ideal para la vida bajo tierra. Tu forma larga
y suave te ayuda a hurgar en el suelo, y tus segmentos tienen
fuertes músculos que hacen que te muevas. Gracias a ellos, también
puedes agarrarte fuerte si algún pájaro intenta cogerte. ¡Levanta el
ánimo! Vosotros los gusanos sois unos bichos importantes. Te alimen-
tas entre lodo con plantas en descomposición, que tu cuerpo rompe,
y esto hace que la tierra quede fértil y perfecta. Además, los túneles que formas la llenan de oxígeno y agua, con lo que ese suelo es
el lugar perfecto para que las plantas crezcan sanas.

Atentamente,

Dr. Edi Lupa

Pasa la página para saber más
del cuerpo de los bichitos...

Guía del Dr. Edi Lupa sobre el cuerpo de los pequeños invertebrados

Existen diferentes tipos de insectos, como los caracoles, los gusanos, los milpiés, las arañas y los insectos. Cada uno de los grupos tiene un diseño especial de cuerpo.

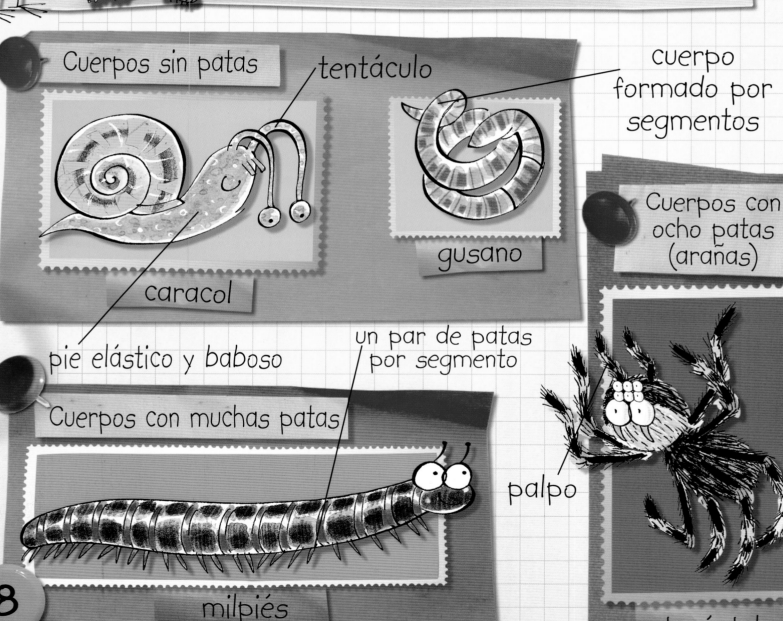

Cuerpos sin patas

tentáculo

cuerpo formado por segmentos

caracol

gusano

Cuerpos con ocho patas (arañas)

pie elástico y baboso

un par de patas por segmento

Cuerpos con muchas patas

palpo

milpiés

tarántula

Cuerpos con seis patas, con cabeza, tórax y abdomen (insectos)

cabeza

tórax

abdomen

hormiga

sus alas hacen "cri cri"

patas traseras para saltar

cigarra

2 pares de alas

libélula

capa de lunares que protege las alas

antena

mariquita

Los mejores consejos del Dr. Edi Lupa

No te preocupes por ser pequeño. Así puedes esconderte y sobrevivir más fácilmente.

Caracoles, gusanos y bichitos de cuerpos blandos, poneos en lugares fríos y húmedos o vuestro cuerpo puede secarse.

Utilizad vuestros órganos sensoriales: ojos, antenas, tentáculos y palpos os ayudarán a comprender el mundo que os rodea.

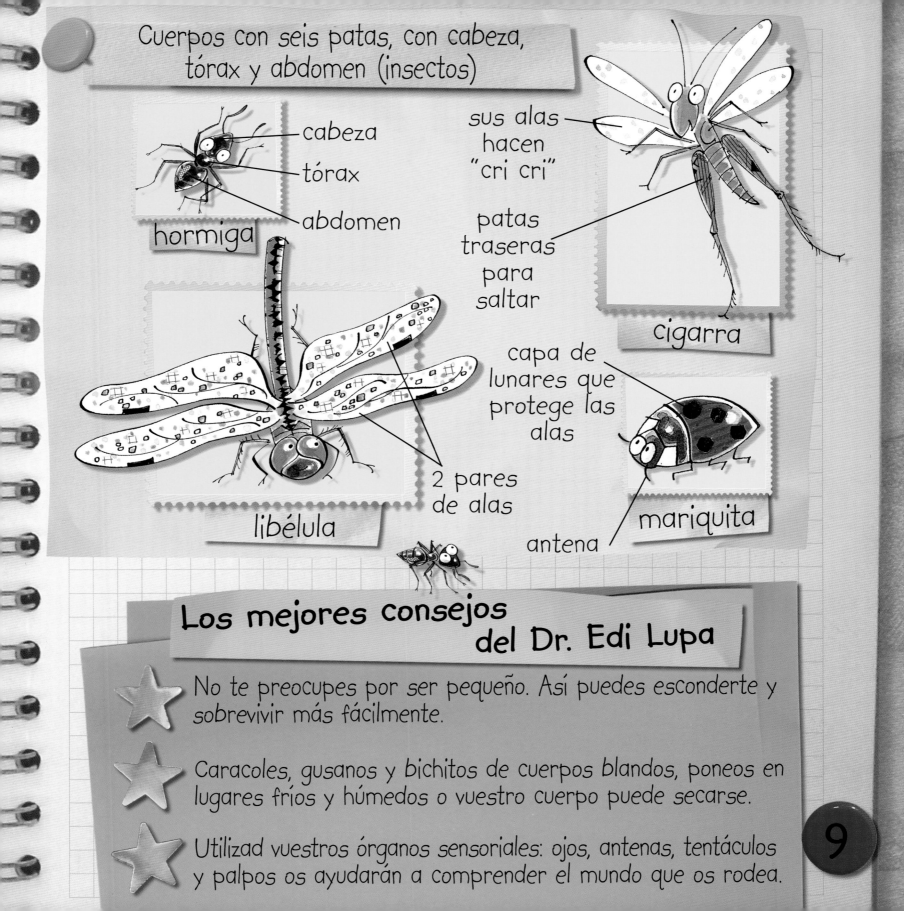

¡Apaga la luz!

Querido Dr. Edi Lupa:

Soy una hembra de luciérnaga y tengo un problema que me da mucha vergüenza. Me ruborizo a cada rato. Siempre que salgo en las cálidas noches de verano, en mi abdomen se enciende una brillante luz amarilla. ¡Parece que no pueda controlarlo! Creo que las cigarras y las polillas se ríen de mí. Ayúdame a quitarme esta costumbre tan mala, anda, anda, anda...

polilla

cigarra

luciérnaga hembra

10

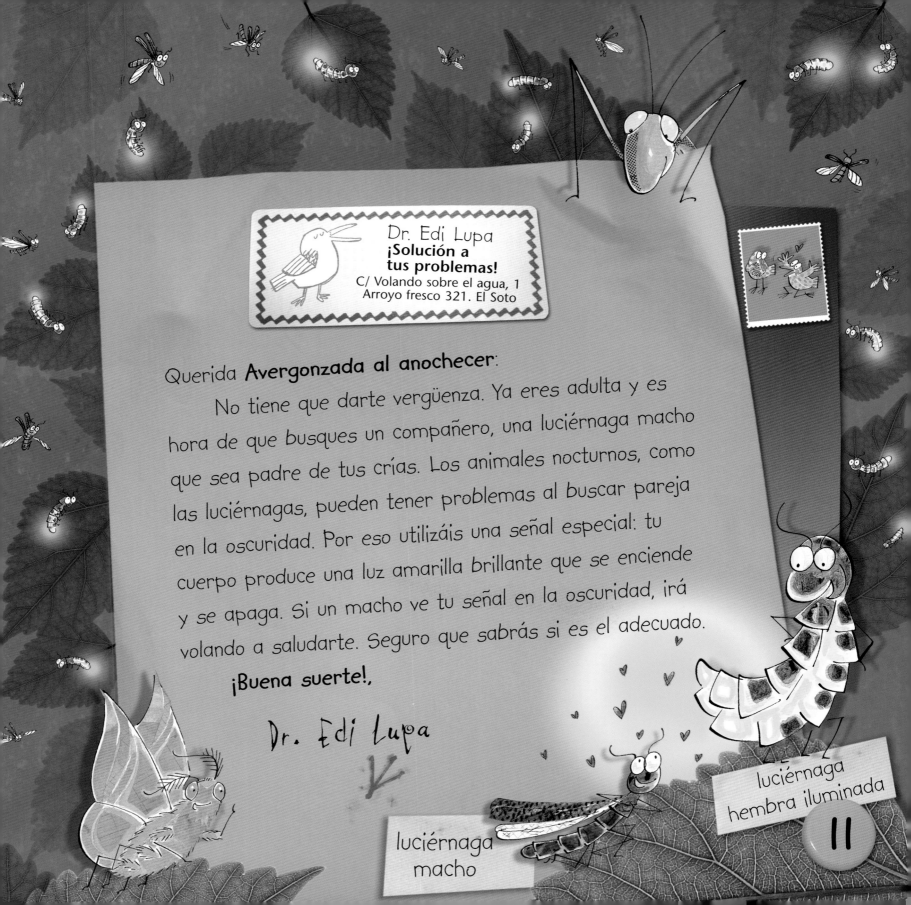

Dr. Edi Lupa
¡Solución a tus problemas!
C/ Volando sobre el agua, 1
Arroyo fresco 321. El Soto

Querida **Avergonzada al anochecer**:

No tiene que darte vergüenza. Ya eres adulta y es hora de que busques un compañero, una luciérnaga macho que sea padre de tus crías. Los animales nocturnos, como las luciérnagas, pueden tener problemas al buscar pareja en la oscuridad. Por eso utilizáis una señal especial: tu cuerpo produce una luz amarilla brillante que se enciende y se apaga. Si un macho ve tu señal en la oscuridad, irá volando a saludarte. Seguro que sabrás si es el adecuado.

¡Buena suerte!,

Dr. Edi Lupa

luciérnaga
hembra iluminada

11

luciérnaga
macho

¡Quiero ser el más rápido!

Querido Dr. Edi Lupa:

Soy un milpiés que se siente muy dolido. Mi primo es un ciempiés muy chulo, y la semana pasada lo reté a una carrera. (Como tengo más pies que él, creía que iba a ganar). ¡Pero me adelantó enseguida! Ahora quiere repetirlo, y seguro que pierdo otra vez.

¡Ayúdame!

EL BOSQUE
23 agosto
correos

Dr. Edi Lupa

C/ Volando sobre el agua, 1

Arroyo fresco 321

El Soto

milpiés

META

ciempiés

ciempiés cazando
su comida

Dr. Edi Lupa
**¡Solución a
tus problemas!**
C/ Volando sobre el agua, 1
Arroyo fresco 321. El Soto

Querido **Pobre segundón**::

tu primo el ciempiés tiene que ser muy rápido. Es carnívoro
y tiene que cazar a otros bichitos para comer. Vosotros los
milpiés sois herbívoros, y mascáis sobre todo hojas caídas que
no pueden salir corriendo. Los milpiés tenéis cuatro patas en
cada segmento del cuerpo que se mueven rápidamente sobre el
suelo cuando reptáis. Intenta no hacer la carrera, dile que estás
ocupado. Pero no lo enfades, porque tiene los dientes afilados
y colmillos venenosos. Si se pone pesado, enróllate hasta
que se vaya.

Muy atentamente,

Dr. Edi Lupa

milpiés con su
comida fácil

13

Aquí una oruga hinchada hasta reventar

Preocupada por la línea

Querido Dr. Edi Lupa:

Soy una oruga y estoy preocupada. Mi cuerpo ha crecido muchísimo, y tengo la piel tan tirante que parece que va a reventar. ¿Puede ser por mis hábitos alimentarios? Como todo el día jugosas hojas verdes. Están deliciosas, y no puedo parar. ¿Crees que ahí está el problema?

Siempre hambrienta, en las hojas.

14

oruga a punto de estallar

Dr. Edi Lupa
¡Solución a tus problemas!
C/ Volando sobre el agua, 1
Arroyo fresco 321. El Soto

Querida **Siempre hambrienta,**:
lo que dices es perfectamente normal. Como muchos otros invertebrados, tienes una piel externa resistente llamada exoesqueleto, que protege tu cuerpo. Según te vas alimentando y vas creciendo, esta piel se va rompiendo, y debajo de ella aparece una piel nueva más grande. La quinta vez que pasa esto, te conviertes en una crisálida, pasando así a una nueva y apasionante etapa de tu vida, en la que tu cuerpo alcanza su forma adulta. Pasadas dos semanas, te convertirás en una mariposa. En lugar de hojas, comerás flores, y tendrás unas maravillosas alas.
Buena suerte,

Dr. Edi Lupa

mariposa

casi está

huevo

crisálida

oruga

Pasa la página para saber más sobre las alas de los insectos

15

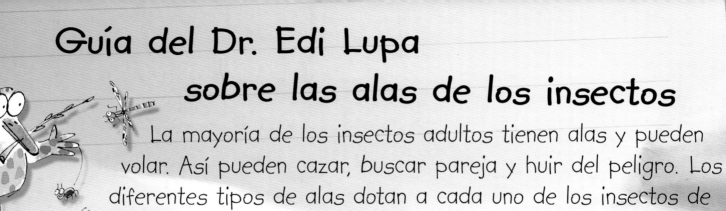

Guía del Dr. Edi Lupa
sobre las alas de los insectos

La mayoría de los insectos adultos tienen alas y pueden volar. Así pueden cazar, buscar pareja y huir del peligro. Los diferentes tipos de alas dotan a cada uno de los insectos de esta página con el equipo de vuelo perfecto.

Mariposa con dos pares de alas. Son brillantes y preciosas en la luz... perfecto para encontrar pareja.

Las avispas tienen dos pares de alas delicadas y pequeñas. Son geniales para volar rápido.

avispa

mariposa morfo

Las libélulas son expertas voladoras gracias a sus dos pares de fuertes alas. Pueden planear, subir y bajar, e incluso volar hacia atrás.

Este escarabajo tiene las alas frágiles. Cuando se posa en la tierra, las pliega bajo un duro escudo.

Las moscas tienen sólo un par de alas. Las baten tan rápido que hacen ruido.

escarabajo atlas

mosca

libélula

Los mejores consejos del Dr. Edi Lupa

Cuídate las alas. Son muy importantes, pero frágiles, y se dañan fácilmente.

Busca un buen sitio para despegar. La parte de arriba de las flores son pistas perfectas.

No olvides comer con frecuencia. Volar consume mucha energía.

17

¡Cuánta suciedad!

Querido Dr. Edi Lupa:

Soy un sírfido orgulloso de su buena educación. Estoy preocupado porque tengo un problema al comer. Cada vez que absorbo néctar de las flores, me lleno de un polvo amarillo pegajoso. Me pongo hasta arriba, desde las antenas a las patas. ¿Cómo aprendo a comer sin mancharme?

Cochinete,
en el prado.

flores

sírfido

Querido **Cochinete:**

No te preocupes. Es imposible que tomes néctar sin llenarte de polen. El polen (ese es el nombre del polvo amarillo pegajoso) ayuda a las plantas a hacer semillas, pero primero tiene que pasar de una flor a otra. Las plantas no pueden mover el polen ellas solas, así que la mayoría utilizan a insectos para hacerlo.

Cuando comes, coges también polen, que se cae cuando vas a otra flor. Así haces un trabajo muy importante: cada vez que polinizas una flor, estás ayudando a las nuevas semillas.

Atentamente,

Dr. Edi
Lupa

sírfido
muy útil

insectos polinizadores
trabajando

Por aquí un insecto palo preocupado

¿Hermanito...?

Querido Dr. Edi Lupa:
Soy un insecto palo, y estoy preocupado por mi hermano. La semana pasada estábamos sentados juntos, pero cuando me di la vuelta, desapareció, y no le he visto desde entonces. No es fácil encontrarle en este arbusto. Cada vez que creo haberlo visto, me encuentro con que es una rama. Por aquí hay lagartos y pájaros, y me da miedo que al pobre lo cacen. ¿Qué debo hacer, doctor?

Preocupado por la familia, en el bosque

20 insecto palo

Dr. Edi Lupa
¡Solución a tus problemas!
C/ Volando sobre el agua, 1
Arroyo fresco 321. El Soto

Querido **Preocupado por la familia**:

intenta no preocuparte por tu hermano. Los insectos palo tenéis un cuerpo largo, delgado y marrón que se camufla perfectamente con las ramas, y es casi imposible veros. Este camuflaje es un mecanismo de defensa tan bueno, que es poco probable que los depredadores cacen a tu hermano. Por desgracia, esto significa que para ti también será difícil encontrarle, a menos que tengas mucha suerte y paciencia, y te pilles justo cuando se mueva.

Cordialmente,

Dr. Edi Lupa

¡búscalo!

lagarto
(¡depredador!)

Pasa la página para saber más cambios sobre los insectos...

Guía del Dr. Edi Lupa sobre la adaptación de los insectos

Los insectos son genios del disfraz. Todos los insectos de esta página han desarrollado camuflajes para fundirse con su entorno. Esto les permite esconderse de sus depredadores. ¡Es muy difícil verlos!

Insecto hoja

Hábitat: *selva tropical.*

Camuflaje: *el color y la forma del cuerpo es muy parecido a una hoja.*

Cómo funciona: *los depredadores no ven que el insecto es comida, y lo dejan en paz.*

Además: *si lo capturan, puede desprenderse de una pata y escapar rápidamente.*

 ¿ves uno? ✓ Vi uno la semana pasada

Mantis orquídea

Hábitat: *selva tropical.*

Camuflaje: *tiene el cuerpo rosa y patas con forma de pétalos, por lo que se mezcla con las orquídeas.*

Cómo funciona: *la mantis se esconde en las flores a esperar a los insectos que se alimentan de ellas, para comérselos.*

Además: *este camuflaje tan bueno la protege también de los depredadores.*

 ¿ves una? ✓ ¡Qué disfraz tan bien pensado!

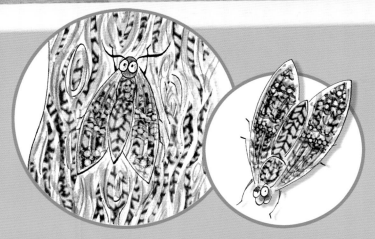

Esfíngido

Hábitat: bosque de pino.

Camuflaje: tiene alas grises y con manchas que se funden con la corteza del árbol.

Cómo funciona: le permite descansar durante el día en los árboles, sin ser visto

Además: siendo oruga, el esfíngido tiene una forma diferente, de aguja de pino.

¿ves uno? ✓ Aún no he visto uno de estos.

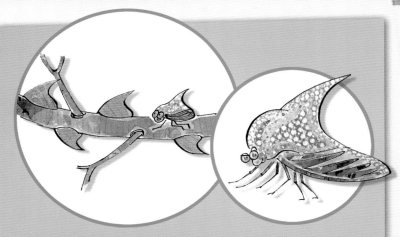

Insecto espina

Hábitat: los tallos de pequeños árboles tropicales

Camuflaje: su cuerpo, de punta y duro, parece una espina.

Cómo funciona: los depredadores no lo ven. Creen que es parte de la planta.

Además: a los depredadores no les gustan sus cuerpos con pinchos, que se clavan si se los comen.

¿ves uno? ✓ ¡Ay, cómo pincha!

Los mejores consejos del Dr. Edi Lupa

 No te muevas un ápice. El camuflaje sólo funciona si te quedas muy quieto.

 No comas durante el día, porque podrían verte los depredadores. Es más seguro comer por la noche.

 Recuerda que los restos y los huevos pueden hacer que te descubran. No los dejes cerca de donde te escondes.

23

Por aquí anda una araña agotada

¡Cuánto trabajo!

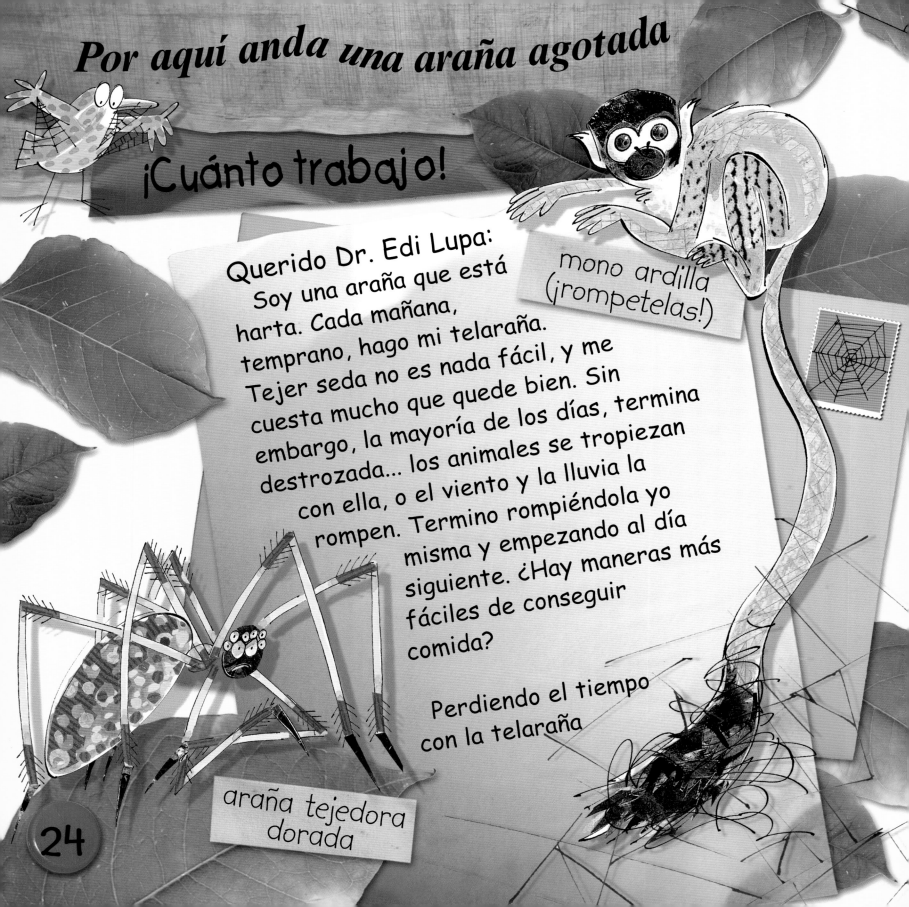

Querido Dr. Edi Lupa:

Soy una araña que está harta. Cada mañana, temprano, hago mi telaraña. Tejer seda no es nada fácil, y me cuesta mucho que quede bien. Sin embargo, la mayoría de los días, termina destrozada... los animales se tropiezan con ella, o el viento y la lluvia la rompen. Termino rompiéndola yo misma y empezando al día siguiente. ¿Hay maneras más fáciles de conseguir comida?

Perdiendo el tiempo con la telaraña

mono ardilla (¡rompetelas!)

araña tejedora dorada

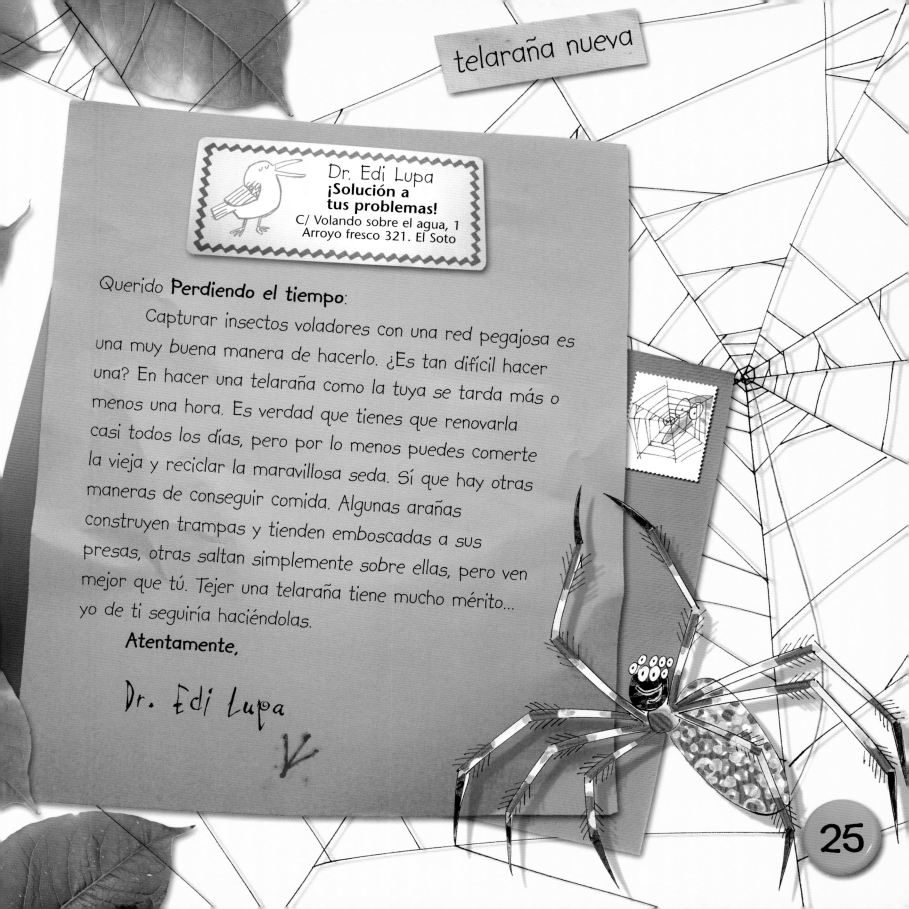

Dr. Edi Lupa
**¡Solución a
tus problemas!**
C/ Volando sobre el agua, 1
Arroyo fresco 321. El Soto

Querido **Perdiendo el tiempo**:

Capturar insectos voladores con una red pegajosa es una muy buena manera de hacerlo. ¿Es tan difícil hacer una? En hacer una telaraña como la tuya se tarda más o menos una hora. Es verdad que tienes que renovarla casi todos los días, pero por lo menos puedes comerte la vieja y reciclar la maravillosa seda. Sí que hay otras maneras de conseguir comida. Algunas arañas construyen trampas y tienden emboscadas a sus presas, otras saltan simplemente sobre ellas, pero ven mejor que tú. Tejer una telaraña tiene mucho mérito... yo de ti seguiría haciéndolas.

Atentamente,

Dr. Edi Lupa

¡Necesito un descanso!

larva

crisálida

Querido Dr. Edi Lupa:

Soy una abeja obrera que lo único que hace es trabajar, trabajar y trabajar. Nosotras no paramos: limpiamos la colmena, cuidamos de los huevos, las crisálidas y las larvas, buscamos néctar, hacemos miel y damos de comer a la reina. Mientras, ella y los zánganos, que son unos vagos, nunca hacen nada. Estoy harta de ser una esclava. ¿Qué crees que debería hacer?

Hasta las alas, en la colmena

abeja reina

larva obrera

verano: obreras ocupadas

abeja obrera atareada

26

Dr. Edi Lupa
¡Solución a tus problemas!
C/ Volando sobre el agua, 1
Arroyo fresco 321. El Soto

Querida **Hasta las alas:**

Las abejas viven en colonias, grandes equipos que trabajan juntos para construir un hogar, buscar comida, defenderse de los enemigos y cuidar de los pequeños. Tú y el resto de abejas obreras trabajáis mucho durante el verano, dentro y fuera de la colmena, y la pobre de la reina pone huevos todo el día. Es verdad que los zánganos, las abejas macho, llevan una vida tranquila en esa época, pero en invierno se les echa de la colmena y pasan mucho frío. Mientras tanto, vosotras las chicas disfrutáis de la miel y de un merecido descanso.

¡Buena suerte!,

Dr. Edi Lupa

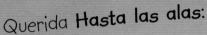

invierno: las obreras descansan

Pasa la página para saber más sobre colonias de insectos...

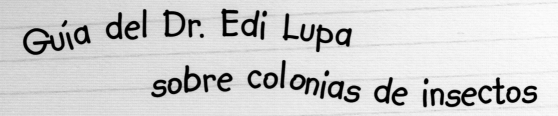

Guía del Dr. Edi Lupa
sobre colonias de insectos

Algunos insectos viven en grupos llamados colonias. En una colonia, todos los insectos trabajan en equipo para construir el nido y protegerlo. Las hormigas de esta hoja son parte de una colonia. Cada una de ellas tiene una tarea especial.

Aposentos de la reina
¡La habitación real! La gran hormiga reina se pasa toda la vida poniendo huevos.

Guarida para chicos
Los machos se aparean con la reina, pero pasan la mayor parte del tiempo descansando.

Zona de construcción
Las obreras hacen huecos en el nido y construyen nuevos túneles.

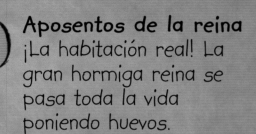

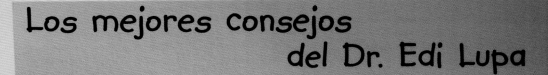

Los mejores consejos
del Dr. Edi Lupa

 No dejéis que la colonia se llene demasiado. Si sois muchos, lo mejor es que algunos os vayáis y hagáis una nueva.

 Construir los nidos en lugares de acceso difícil para los depredadores, como cuevas, agujeros de árboles o bajo tierra.

 Construir los nidos con los materiales adecuados: cera para las abejas, madera masticada para las avispas y tierra para las hormigas.

 Guardería 1
Las obreras llevan a los huevos nuevos a un lugar seguro.

 Guardería 2
Las obreras alimentan a las larvas.

Guardería 3
Las obreras se aseguran de que las crisálidas estén calientes y seguras.

Glosario

abdomen
Parte trasera del cuerpo de los pequeños invertebrados.

adaptación
Cuando los invertebrados adoptan un color o una forma que les hacen parecer otra cosa, y así huyen del peligro.

antena
Filamentos que perciben el aire y ayudan a los bichitos a moverse.

camuflaje
Forma o color del animal que le permite esconderse.

carnívoro
Animal que come carne.

crisálida
Fase en la vida de un insecto en la que se convierte en adulto.

depredador
Animal que caza a otros para comérselos.

fértil
Suelo bueno y rico en el que las plantas crecen bien.

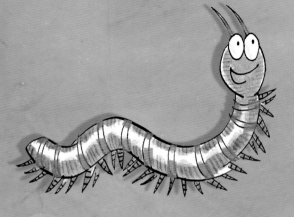

30

frágil
Que se estropea fácilmente.

herbívoro
Animal que come plantas.

insecto
Tipo de pequeño invertebrado que tiene seis patas.

larva
Segunda fase de la vida del insecto, una vez que ha salido del huevo.

néctar
Dulce jugo del interior de las flores.

nocturno
Que se refiere a la noche.

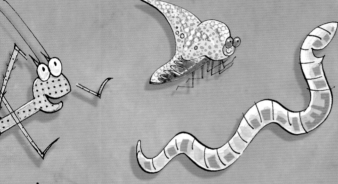

obrera
Abeja u hormiga hembra.

oxígeno
Gas que se encuentra en el aire y que todos los animales necesitan para sobrevivir.

palpo
Antena especial cercana a la boca de los bichitos que les ayuda a notar y saborear la comida.

polen
Polvo amarillo de las flores. Cuando llega a otras flores del mismo tipo, hace semillas.

polinizar
Mover polen de una flor a otra del mismo tipo.

presa
Animal al que otros (los depredadores) capturan.

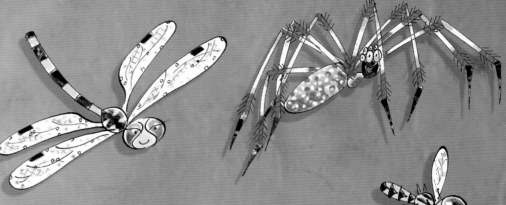

segmento
Parte de algo, por ejemplo, un gusano.

tórax
Parte media del cuerpo de los insectos, entre la cabeza y el abdomen.

tropical
Zona del mundo con un clima muy cálido y seco.

zángano
Abeja macho.

Índice de términos